AF362437

▭ DE L'HEUREUSE-RÉUNION,

A L'O∴

DE BOURBON-VENDÉE.

Procès-Verbal d'installation de la ▭ de l'Heureuse-Réunion, à l'O∴ de Bourbon-Vendée; Morceaux d'Architecture et de Poésie et Tableau des Membres de cette ▭.

A BOURBON-VENDÉE,

De l'Imprimerie de P. Allut, Imprimeur du Roi et de la Préfecture.

1819.

PROCÈS - VERBAL

D'INSTALLATION

DE LA R∴ L∴ DE L'HEUREUSE-RÉUNION,

A L'O∴ DE BOURBON-VENDÉE.

L E premier jour du premier mois de l'an de la
V∴ L∴ cinq mil huit cent dix-neuf, la R∴ L∴
en instance, de l'Heureuse - Réunion, à l'O∴ de
Bourbon - Vendée, régulièrement convoquée et
fraternellement réunie, sous le P∴ G∴ connu
des seuls V∴ FF∴, dans un lieu très - éclairé,
très - régulier et très - fort, où règnent le silence,
la paix et l'équité, midi plein.

Les Travaux ont été ouverts, à l'O∴, par le T∴
R∴ F∴ DELALANDE V^ble∴ et à l'Occid^t∴, par les
TT∴ CC∴ FF∴ BOUCHET et PRISTON, 1er. et
2e. surv^ts∴.

Lecture faite de la Pl∴ des derniers Travaux,
elle a reçu la sanction.

Le V^ble∴ a dit : que l'année s'ouvrant, pour la
R∴ L∴, sous les plus heureux auspices, les VV∴
Commissaires du G∴ O∴ de France, porteurs des
Constitutions de l'Heureuse-Réunion et chargés de
l'installer, étaient arrivés et se trouvaient dans la

salle des Pas-Perdus. Cette annonce est couverte par les applaudissemens les plus M.^ques.·. et, à l'instant, trois Députés sont nommés pour aller reconnaître les VV.·. Commissaires du G.·. O.·.

Rentrés dans l'At.·., les Députés annoncent que les pouvoirs des VV.·. Commissaires leur ont été exhibés, sans être remis; que ces Commissaires sont les RR.·. FF.·. GENTILZ, V^ble.·., CHAUVEAU et NEULLIER 1er. et 2e. Sur^ts.·. de la R.·. L.·. de la Constance-Couronnée, à l'O.·. de Luçon; qu'en outre plusieurs Visiteurs et une députation de sept Membres, tous de la même L.·., munis de titres réguliers, demandaient l'entrée du Temple et la fav.·. de participer à la cérémonie de l'installation;

Les FF.·. M^es.·. des cérémonies se sont rendus dans la salle des Pas-Perdus, pour y tenir compagnie à tous les Ill.·. M^ons.·. que l'At.·. aspirait à recevoir bientôt dans son sein :

Et, aussitôt, des députations convenables ont été chargées d'introduire les Visiteurs et successivement, les Ill.·. Représentans de la R.·. L.·. de la Constance-Couronnée, O.·. de Luçon ; ce qui a eu lieu avec tous les honneurs qui étaient dus, et au bruit des fanfares et de la plus douce harmonie.

Le V^ble.·. a envoyé une députation de neuf membres, dont trois Dignitaires, tous armés de glaives et munis d'étoiles, pour recevoir hors du Temple, les VV.·. Commissaires du G.·. O.·. et, les introduire sous la Voûte d'acier.

Le V^ble⸫ et les Surv^ts⸫ de la L⸫ se sont rendus à l'entrée du Temple et ont présenté leurs Maillets et les Gants d'honneurs au Président de la commission et à ses Collègues; ils ont été conduits ensuite à l'O⸫ aux sons de l'harmonie qui exécutait l'air chér^i : *Où peut-on étre mieux qu'au sein de sa famille?*

Le Président de la commission a occupé le Trône et les deux autres Commissaires ont été conduits aux places des Surv^ts⸫ par les FF⸫ M^es⸫ des cérémonies.

Pour s'assurer de la régularité des M^ons⸫ présens, le Président a fait parcourir les Col⸫ par les deux Surv^ts⸫, qui ont annoncé que tous avaient donné les preuves les plus satisfaisantes de leur instruction et de leur régularité; qu'en outre, il n'existait dans l'At⸫ d'autres Visiteurs que ceux appartenant à la R⸫ L⸫ de la Constance-Couronnée, O⸫ de Luçon.

Alors, les Travaux du G⸫ O⸫ de France ont été ouverts avec solennité, dans les formes voulues, et l'entrée de l'At⸫ a été interdite jusqu'après l'installation terminée.

Le Président a fait donner lecture des pouvoirs du G⸫ O⸫ et des Constitutions; il a requis la transcription de ces pièces sur le livre d'Architecture de la L⸫, ainsi que mention du dépôt qu'il a fait, sur le Bureau du F⸫ Secrétaire, des Statuts et Réglemens du G⸫ O⸫ et autres Pl⸫ y jointes.

Il a invité le V^{ble}.·. et les deux Surv^{ts}.·. de la L.·. à se rendre auprès de l'Autel, où ces FF.·. ont prêté l'obligation de fidélité et d'attachement au G.·. O.·. de France aux Statuts et Réglemens de l'Ordre, et ont reçu l'accolade.

Tous les FF.·. , Membres de la L.·., ayant formé le cercle, l'Orat^r.·. s'est présenté au pied du Trône et a prononcé, à haute voix, la formule de l'obligation, et tous les FF.·. ont répondu : *Nous le jurons.*

Chacun ayant repris place, le F.·. Secrétaire a fait l'appel nominal et tous les Membres inscrits au tableau, sont venus signer la minute de l'obligation et le *duplicata* qu'il leur a présentés successivement.

Cette formalité remplie, le Président a prononcé un discours rempli des principes les plus purs, des sentimens les plus élevés et des leçons les plus sages. Il a annoncé ensuite que la L.·. allait être installée ; et, debout et à l'ordre, le Glaive en main, ainsi que tous les FF.·. , il a dit :

« Au nom du G.·. O.·. de France, nous
« les Commissaires chargés de ses pouvoirs,
» installons à perpétuité, à l'O.·. de Bourbon-
» Vendée, une Loge, sous le titre distinctif
» de l'Heureuse - Réunion.

» La Loge de l'Heureuse - Réunion est installée ».

Cette annonce , répétée alternativement par trois fois et répétée de même par les Surveillans, a été suivie des applaudissemens les plus Maçon^ques ∴ et les plus reconnaissans.

Après la proclamation , le Président a fait former le cercle aux *seuls* Membres de la L∴ installée ; lesquels tenant le glaive de la main gauche, et tendant la droite vers l'O∴ ont reçu le mot de sémestre avec toutes les formalités prescrites et prêté le serment voulu en pareille circonstance.

La Planche d'installation a été tracée et signée par les VV∴ Commissaires du G∴ O∴ de France, et les Travaux du G∴ O∴ ayant été fermés à la manière accoutumée , les Maillets ont été rendus aux Officiers de la Loge installée, pour remettre en activité les Travaux commencés avant l'installation et les clore de la même manière qu'ils les avaient ouverts.

Et ont signé , les Commissaires installateurs :

Signé GENTILZ, Présid.^t ; CHAUVEAU , Ier. G.^d Surv^t∴ ; NEULLIER , 2e. G^d. Surv^t∴

Les Maillets ayant été remis aux RR∴ FF∴ Delalande, V^ble∴, Bouchet et Priston , 1er et 2e. Surv^ts∴ , les Travaux de la R∴ L∴ de l'Heureuse-Réunion ont été repris avec les formalités accoutumées.

Le V^ble∴ a dit que le premier usage qu'il

désirait faire de la parole que lui accordaient ses fonctions, était d'adresser au G∴ O∴ de France et à ses VV∴ Commissaires, l'hommage de la reconnaissance, du dévouement et de la fidélité de l'At∴ nouveau qu'il avait la fav∴ de présider, et après les applaudissemens les plus vifs et les plus M^{ques}∴, couverts par la plus douce harmonie, il a prononcé un Discours essentiellement M^{que}∴ dans lequel il a retracé les principes, la morale et les obligations qui font l'essence de l'Ordre.

Il a invité ensuite tous ses FF∴ à se joindre à lui pour consacrer cette belle journée et particulièrement le renouvellement de l'année M^{que}∴ par la cène mystique et fraternelle qui retrace les premiers actes des Sociétés humaines et rappelle tous les M^{ons}∴ à cette communion d'intérêts et de sentimens qui font la gloire et le bonheur de leur antique et respectable institution.

Au son d'une harmonie touchante et religieuse, tous les FF∴ présens ont été conduits successivement, trois par trois, à un Autel placé au centre du Temple, et là, après avoir rompu au même pain et bu à la même coupe, ils se sont donnés le signe et l'accolade M^{ques}∴ et ont repris leurs places.

A cette occasion, le F∴ Orat∴ a demandé et obtenu la parole, et dans un Discours plein d'énergie , et remarquable par la vérité des expressions et des sentimens fraternels : il a célébré , en même-tems , la solennité du jour , la présence des Ill.·. Députés du G.·. O.·. de France , et fait au premier jour d'un an nouveau , les vœux les plus ardens pour la gloire , la prospérité de l'Heureuse -Réunion et le bonheur de tous ses Membres.

Bientôt on frappe à la porte du Temple en Prof.·. et on annonce , comme Récipiendaire-Aspirant et admis dans une précédente séance , le Prof.·., Officier à la légion de la Vendée, né à Bourg , dép.ᵗ de l'Ain , le 13 février 1797.

Après avoir subi les épreuves d'usage , le Récipiendaire est admis à prêter son obligation et au milieu des expressions de la plus touchante fraternité , il est reçu App.·. Mᵒⁿ.·. Membre de l'Heureuse - Réunion , à l'O.·. de Bourbon - Vendée. Des applaudissemens, trois fois répétés , lui expriment l'attachement de ses nouveaux FF.·. et il prend place au milieu d'eux.

Le F.·. Oratᵉʳ.·. adresse au Récipiendaire les félicitations et les recommandations les plus amicales. Il est remercié par toute la L.·.

Le même F.·. dépose sur l'Autel, le Procès-Verbal d'une Fête Mᵀᵘᵉ.·. donnée par la R.·. L.°. de la Concorde, à l'O.·. de Nantes, au T.·. C.·. et R.·. F.·. de Sᵵ-AIGNAN, Maire de Nantes , nommé à la préfecture du dép.t des Côtes-du-Nord. La L∴ en demande la lecture. Elle est écoutée dans le plus grand silence et applaudie par les Nombres les plus chers. On n'a pu entendre, sans attendrissement, la lecture de l'inscription, en Lettres d'Or, qui ornait la Salle des Banquets et qui retraçait ces sentimens les plus honorables et les plus flatteurs pour un M^{on}∴

« La R∴ L∴ la Concorde, au T∴ C∴ et T∴ Ill∴ F∴ Louis de S^t.-Aignan, *le Père des Nantais.* »

La L∴ a remercié le F∴ Orat.r de cette intéressante communication, en a ordonné le dépôt dans ses Archives et mention au Procès-Verbal.

Le V^{ble}∴ a déposé sur l'autel les Pl∴ Poësies et Cadeau destinés à M^{de}. Lacordaire, Epouse d'un des FF∴ Dignit^{re}. de l'At∴, nouvellement Mère d'un Lewfton. Le T∴ C∴ F∴ Curel est rendu dépositaire de cet Hommage, qu'il est prié d'offrir au nom de l'Heureuse-Réunion.

Le F∴ Curel, à la veille de quitter l'O∴, prie la R∴ L∴ de recevoir ses adieux, et, pour consacrer le souvenir de son attachement, il prie ses FF∴ d'agréer le don qu'il fait, pour les Archives, d'une très-belle Médaille en bronze relative à la conclusion de la paix entre deux Nations.

Il est remercié par les plus vifs applau-dissemens.

Le

Le Sac des propositions ayant circulé sur les Colonnes, il s'y est trouvé un Bulletin en faveur d'un Prof∴ dont le nom sera rapporté au Procès-Verbal , après le scrutin d'admission.

Le F∴ Hospitalier-Aumônier ayant demandé et obtenu la parole, a dit : Que pour remplir le vœu de la R∴ L∴ , il avait fait une abondante distribution de pain aux pauvres; mais qu'il était donné à la R∴ L∴ d'exercer , de nouveau , sa bienfaisance et son humanité; qu'un ancien Militaire, Officier retraité , se trouvait dans cet O∴ dénué de toutes ressources et ayant recours à la générosité de ses anciens Frères d'Armes; qu'il ne pourrait être humilié d'être secouru par une Société M^{que}∴ dont les actions sont enveloppées du mystère et de la plus sage discrétion; qu'il demandait qu'une quête fut faite en sa faveur séance tenante.

Le Tronc de secours ayant circulé sur les Colonnes, et ayant produit une somme de cinquante - huit francs trente centimes , les métaux en ont été remis de suite ès- mains du F∴ Hospitalier - Aumônier, pour être, à l'instant, offerts au brave Officier pour lequel il venait d'intéresser toute la L∴.

Ne s'étant plus présenté de propositions à mettre en délibération , les Travaux ordinaires ont été suspendus pour passer à ceux de Banquet.

Là , les Santés d'obligation et d'amitié ont été

portées avec l'enthousiasme le plus M^que∴ — Des Cantiques ont égayé la Séance, la plus douce harmonie en a fait le charme ; et après avoir arrêté que le Procès-Verbal de cette Séance, les Morceaux d'Architecture et de Poësies seraient imprimés, la L∴, a délivré aux FF∴ Servans une somme de trente francs pour Bouquet du jour.

Les Refreins de clôture ont enfin retenti de l'O∴ à l'Occ∴ ; le V^ble∴ a fermé les Travaux à Minuit plein, à la manière accoutumée, et chacun s'est retiré en paix et en bénissant le G∴ A∴ de l'Univers.

Signé à la Minute :

DELALANDE, V^ble∴, BOUCHET, 1.er Surv^t∴ ; PRISTON, 2.e Surv^t∴ ; De la THIBAUDIÈRE, Orat^r∴.

Timbré et scellé par l'Expert Garde-des-Sceaux,

Signé, AL. DELALANDE.

Par Mandement,

Signé, DECLOUX, S^re∴

DISCOURS

Du T∴ R∴ F∴ GENTILZ, V^{ble}∴ de la R∴ L∴ la CONSTANCE - COURONNÉE, O∴ de Luçon, Commissaire du G∴ O∴ de France, pour l'installation de l'HEUREUSE - RÉUNION, à l'O∴ de Bourbon - Vendée.

———————◦◉◦———————

TT∴ CC∴ FF∴,

Nous venons aujourd'hui, parmi vous, remplir la mission bien douce de placer au nom du G∴ O∴ de France la dernière Pierre du Temple que vous vous êtes plu à édifier. Nous allons imprimer le sceau de la régularité à votre heureuse et touchante Réunion ; puisse-t-elle devenir, pour ces Contrées, long-tems désolées par des malheurs inouis et les plus sanglantes divisions, le signal d'un oubli nécessaire et d'une concorde franche et durable !!!! Nous ne soulevrons pas, dans ce jour solennel, le voile posé par la main du Tems ; éloignons plutôt d'affligeans souvenirs et jouissons d'avance, M∴ F∴, du bien que vous allez opérer.

Je n'entreprendrai pas de vous retracer ici l'antiquité de l'institution sublime dont nous suivons la bannière et les principes, il me faudrait remonter aux premiers âges du Monde; vous la montrer s'établissant dans l'Inde sous la direction de ces Brachmanes, philosophes religieux, dont la vie se consacrait à l'étude des Sciences, et au soulagement de l'humanité, passant ensuite dans l'Egypte où les Prêtres non moins philosophes, non moins amis des Hommes que les Brachmanes se firent une réputation de sagesse dont nous ne parlons aujourd'hui qu'avec le plus profond respect. Je vous la montrerais transportée dans la Grèce par Triptolême, par Salomon le plus puissant et le plus sage des Monarques, dans l'Orient d'où repassant en Europe par l'effet des Croisades, nous l'avons reçue telle que nous la pratiquons; cette tâche est au-dessus de mes forces, et je l'abandonne à une plume plus exercée et plus éloquente que la mienne, mais qu'il me soit permis, mes FF∴, de vous faire l'esquisse des vertus dont la Franc-Maçonnerie recommande l'exercice, et que chaque Membre doit se faire un devoir et un honneur de mettre en pratique.

Le vrai Maçon est un homme religieux; en contemplant l'ordre admirable qui régit l'Univers, ne cherchant à approfondir les merveilles et les secrets de la Nature, il reconnait la main de l'Auteur qui sût tout créer et c'est avec raison qu'il l'appelle le Grand-Architecte; il l'adore, il lui soumet sa pensée et lui adresse ses vœux.

Le Maçon, fils respectueux, sait reconnaître tout ce qu'il doit aux Auteurs de ses jours, il les chérit, les console, leur prodigue ses soins dans leur vieillesse, et sait en conserver les plus doux souvenirs long-tems après qu'il a eu la douleur de les perdre.

Au sein de sa famille, il fait le bonheur de la Compagne qu'il s'est choisie, il rend à ses Enfans la tendresse et les soins qu'il reçut de ses Parens ; se fait un devoir de graver dans leurs jeunes cœurs ces sentimens vertueux dont il est lui-même pénétré.

Le Roi n'a pas de sujet plus fidèle, plus soumis à ses lois; la Patrie, de citoyen plus attaché, de plus ardent défenseur; il embrasse avec plaisir tout ce qui peut contribuer au bonheur de son Pays, en se livrant à l'étude, à la pratique des choses utiles, à tout ce qui peut, enfin, conduire à la perfection physique et morale.

Ami sûr et fidèle, il connait, et remplit tous les devoirs que commande ce titre sacré; il place au premier rang de ces devoirs la discrétion, dont nos lois Mac.·. ainsi que celles de la Société recommandent la pratique et punissent l'infraction.

Son âme fière et délicate repousse l'injure; mais il sait la pardonner; il prouve, en pardonnant une offense, cette douce affection du cœur

qui rend l'homme si heureux, oui, mes FF∴,
l'homme est fait pour aimer; la haine, la vengeance,
toute les passions cruelles sont pour lui un état de
gêne, d'angoises et d'avilissement, il se sent élevé,
il se rapproche de l'Être excellent qui l'a fait, à
mesure qu'il est plus doux, plus magnanime. Etouffer
son ressentiment et triompher de sa colère, op-
poser les bienfaits à l'injure qu'on a reçue, en
accabler son ennemi est un plaisir vraiment divin;
ah! si l'on savait tout ce qu'il en coûte pour être
méchant, et combien la bonté rend heureux!
Que de crimes de moins se commettraient sur la
terre! Profânes qui nous calomniez sans nous con-
naître, que ne venez-vous écouter nos leçons,
vous adopteriez notre morale, et le bonheur de
l'Univers serait notre ouvrage; vous apprendriez
que le plaisir le plus vrai que puisse éprouver
un Maçon est de soulager son semblable, de
l'aider de tout son pouvoir dans toutes les cir-
constances de la vie; qu'il possède enfin, cette
douce bienfaisance qui recherche le malheureux
pour le secourir; il ne se contente pas de gémir
sur les maux de son semblable sans faire un pas
pour les faire cesser; il ne fuit pas l'infortuné
parce que le tableau de ses misères est déchirant;
il les adoucit et lui prodigue ces attentions délicates
et généreuses qui portent dans l'âme de celui qui
les reçoit l'attendrissement et la reconnaissance,
oh! douce philantropie quel bonheur tu donnes à

tes adorateurs! Homme généreux et sensible qui répands tes bienfaits sur les Humains, quelle doit être ta jouissance! à ton aspect l'Homme fatigué des scènes de la vie, l'infortuné aigri par le ressentiment de ses maux, et jusqu'à l'âme froide et desséchée, sont entraînés par le charme d'une illusion consolante ou agréable; les premiers laissent couler leurs larmes, et l'egoïste étonné d'éprouver une sensation étrangère s'est aussi laissé, un moment, attendrir; leurs maux sont suspendus et tu sais les ramener à l'espérance, à la raison; écoute leurs bénédictions, Homme bienfaisant, elles t'accompagneront dans la tombe où tu descendras avec le souvenir du bien que tu auras fait pendant ton existence, et si, en cessant d'être, nous conservons encore le sentiment de ce qui se passe sur la Terre, ta félicité s'accroîtra de celle que tu auras procurée; oui sans doute, mes FF∴, nous le conserverons ce sentiment, si cette loi qui nous ordonne de soulager nos Frères, si cette idée, qui nous assure un asile au-delà du tombeau, n'étaient que de douces erreurs, il faudrait les chérir, les conserver; il faudrait éteindre le flambeau dont la sombre lueur guiderait nos pas chancelans vers un néant éternel.

Et vous, mes FF∴, dont les Travaux utiles vont être définitivement autorisés, il est facile, en portant ses regards autour des Colonnes de ce Temple, de reconnaître que la sagesse et la prudence ont dirigés le choix des Ouvriers qui les décorent; on y remarque avec plaisir *&* sensibilité de ces Hommes estimables, que leurs efforts soutenus pour le bien public recommandent à l'amour et à la reconnaissance de leurs Concitoyens.

Mais il ne suffit pas, pour atteindre le degré de gloire et de perfection auquel vous avez droit de prétendre, de l'excellente composition de votre At∴ dont vous avez à vous applaudir; en vain les talens, la sagesse, et les vertus du digne et respectable Chef qui dirige vos Travaux et des lumières qui les éclairent, chercheraient à la maintenir dans toute sa pureté, si, vous laissant séduire par des apparances souvent trompeuses, vous admettiez dans votre sein de ces Hommes que leurs passions, et leur conduite rendent le fléau de la Société; de ces Hommes qui sous le masque trompeur de l'hypocrisie calculent froidement la ruine du malheureux qui implore leurs secours, et qu'ils conduisent dans l'abîme de l'in-fortune en lui tendant une main qu'il croit gé-néreuse, et dont il ne reconnaît la perfidie qu'à l'instant où il ne lui reste d'autre ressource que les larmes, et le désespoir; ces Hommes appor-teraient parmi vous le deuil et la désolation; ils troubleraient la paix d'un At∴ dont l'union intime fera le charme et la prospérité; conservez-la donc précieusement cette union sainte sans laquelle rien n'est stable sur la Terre; surtout ne perdez

jamais

jamais de vue l'obéissance et la soumission aux Lois et Réglemens du G∴ O∴, rappelez-vous qu'il est le centre d'où jaillit la lumière qui doit éclairer vos Travaux et les diriger ; que de votre union intime avec lui, se forme la chaîne immense qui vous lie à tous les Maçons répandus sur le Globe, et qu'elle seule, en assurant votre existence Mac∴, vous procure la protection d'un Gouvernement aussi éclairé, aussi sage que juste ; et nous, mes FF∴, qu'un si beau jour réunit dans cette Enceinte., adressons nos vœux au G∴ A∴ qu'il donne à cette L∴ naissante, la prospérité, la gloire, et tout le bonheur qu'elle mérite ; que jettant un regard de bonté sur cet Univers, il y maintienne cette paix et cette union si désirées ; qu'il conserve les jours précieux du Monarque qui nous gouverne, si digne de l'amour des Français dont le bonheur occupe constamment sa pensée ; qu'il rejette loin de lui les dangers qui trop souvent environnent le Trône ; qu'il lui accorde la sagesse de Salomon pour s'en garantir ! Qu'il éloigne de notre Patrie la guerre, ce fléau qui, pendant tant d'années, affligeait nos âmes sensibles ; puisse-t-il inspirer aux Souverains qui gouvernent les Hommes, ces sentimens d'humanité qui gravent dans leur cœur l'amour de ceux que le sort soumet à leur empire ! Qu'il chasse de leur âme cette soif de l'ambition qui fit tant de fois le malheur des Peuples! Puissent enfin tous les Hommes abjurant ces sentimens de discorde et de haine qui trop souvent déversèrent sur eux les maux qu'ils traînent à leur suite, ne faire qu'une même Famille et qu'un seul Peuple de frères.

DISCOURS

Du T∴ R∴ F∴ Delalande , V^{ble}∴ de la
R∴ L∴ de l'Heureuse - Réunion

MM∴ FF∴,

Le G∴ O∴ de France vient de poser la Clef
de la Voûte au Temple symbolique que nous
érigeons à la gloire du G∴ A∴ de l'Univers. Il
nous appartient maintenant d'en affermir les
bases par des Travaux utiles et profonds; d'en
décorer, d'en augmenter les Colonnes par un
bon choix d'Ouvriers et de Matériaux.

Qu'elle est grande et sacrée, MM∴ FF∴, la
mission que nous recevons en ce moment! Heureux le M^{on}∴ qui en sent toute l'importance et
dont les efforts vont se diriger vers le but sublime
qui se présente devant nous!

Pour y parvenir, croyez-vous, MM∴, que vos
Travaux soient vains et futiles ? Croyez-vous

qu'ils consistent essentiellement dans les Cérémonies extérieures d'une réception ; dans les formes mystiques de nos Usages ; dans les seuls plaisirs de nos Banquets ? Non, MM∴ FF∴, c'est l'ensemble qu'il faut étudier ; c'est à la partie morale qu'il faut s'attacher ; et sans vouloir entrer ici dans des développemens qu'il ne m'est pas permis de donner encore, je puis cependant faire entrevoir à nos plus nouveaux initiés, les Pierres précieuses qu'ils ont à dégrossir et à tailler.

Et, d'abord, je vois vers l'entrée de l'Atelier des Matériaux destinés à se trouver ensemble, et qu'une main maladroite a désunis ; que le tems et la persévérance doivent rapprocher, pour en former un Monument imposant et respectable ; je veux dire, MM∴ FF∴, qu'il appartient à notre sage Institution, plus qu'à toute autre, de travailler à rapprocher les Hommes ; à éteindre les haînes ; à assoupir les passions, et que pour y parvenir, nous devons mettre en pratique la morale pure, les saines doctrines qui font l'essence de la Maçonnerie.

Plus en avant, MM∴ FF∴, en entrant dans le Temple, je vois des Pierres de diverses couleurs, taillées et prêtes à se rassembler pour former ce Pavé Mosaïque qui est chez nous l'emblême de l'Union, en même-tems qu'il nous offre l'image de la diversité des Cultes. C'est là que nous puisons ces principes de tolérance qui ont distingué et honoré dans tous les siècles et chez tous les Peuples, notre sublime Institution ; et, en effet, la morale naturelle qui nous constitue, fait également le fond de toutes les Religions; delà ce respect admirable pour toutes, et ce tableau unique qu'elle a présenté au Monde, de voir dans un même Temple, dans une réunion intime, assis à la même Table et souvent dans les bras l'un de l'autre, s'aimant et se traitant en Frères, des Sectateurs de Mithra, de Moïse, du Christ et de Mahomet. Et à quoi devons-nous le bonheur de pouvoir offrir un tableau semblable ? A cette sagesse profonde de nos lois, qui nous interdit de traiter entre nous, aucunes questions religieuses, source de tant de controverses, d'opinions diverses, d'agitations et de guerres.

Conservons-bien, MM.·. FF.·., cet esprit sage et tolérant qui donne une telle supériorité à notre Ordre antique et respectable, et qui en fera la gloire, dans l'esprit des Hommes éclairés de tous les siècles à venir.

Ce que je viens de dire des Religions, s'applique également à la politique. Que nous font, ici, les affaires des Etats ? Chacun d'eux n'a-t-il pas son mode d'administrer, ses règles de conduite dans les intérêts divers de ses Citoyens ? Et nous, ne sommes-nous point Universels ? Notre titre de Maçon n'équivaut-t-il point au titre de Citoyen du Monde entier, sans cesser d'être plus intimement attachés au sol qui nous a vu naître, et auquel nos lois nous recommandent surtout de rester fidèles ? Quant aux affaires politiques qui régissent notre belle Patrie, n'avons-nous pas des lois fondamentales, un Prince qui en conserve religieusement le dépôt, des Représentans qui défendent nos intérêts, de sages Administrateurs qui répandent la Justice et qui veillent à l'égale répartition des charges et des avantages de la Société ! Que nos lois ont été sages de nous interdire toute réflexion sur cet article si grave et si délicat ; et de nous défendre l'éloge ou le blâme sur des matières qui, sans nous être indifférentes sans doute comme individus, nous sont absolument étrangères comme Association philantropique.

N'avons-nous pas assez d'autres sujets importans à traiter dans l'esprit de l'Institution ? l'Alternative de lumière et de ténèbres qui frappe successivement la vue de nos Adeptes, ne nous averti-t-elle pas que nous avons toujours à travailler pour accélérer l'état de perfection vers lequel nous devons tendre sans cesse. Ce projet de perfectionnement de l'Espèce humaine, si légè-

(23)

rement traité de chimère , gardons-nous de l'aban-
donner. Voyez ce qu'ont obtenu nos premiers
Instituteurs , depuis l'état sauvage, dans lequel ils
ont pris l'Homme , jusqu'à l'état actuel de civilisa-
tion où ils l'ont amené. Encourager les Sciences ,
les Arts , l'Industrie , l'Agriculture et le Com-
merce ; propager les idées grandes , libérales et
généreuses ; multiplier et soutenir les établisse-
mens d'instruction publique ; enfin faire pénétrer
la lumière partout, mais par degrés et avec ces
formes symboliques et sages qui , sans éclat et
sans bruit , sont le présage et la garantie du
succès , telles sont les opérations sérieuses qui se
présenteront en foule et qui feront les délices
de nos utiles Travaux.

Rendons-nous dignes , MM∴ FF∴, de cette belle
succession que nous ont laissée les Sages de tous
les pays et de tous les tems. Ne perdons pas de
vue que ce qui assure la gloire de ce grand Homme,
que nous aimons à regarder comme un Père , de
ce grand initié , de Pythagore enfin , c'est qu'on
« lui doit l'idée première d'une Congrégation qui ,
» toujours subsistante et toujours dépositaire des
» Sciences et des mœurs , deviendra l'organe de la
» vérité et de la vertu , quand les Hommes seront
» en état d'entendre l'une et de pratiquer l'autre. »

Mais tout en unissant nos efforts pour parvenir
au bien , sachons encore cacher le bien même

que nous voulons faire. Ne perdons rien du ca-
ractère antique et sacré que répand sur notre
Ordre l'institution des mystères. Que la discrétion
soit l'âme de nos Travaux les plus intimes ; ne
donnons pas d'aliment à l'envie ; si l'envie est le
vice le plus bas, il est aussi le plus perfide,
et nous devons être en garde contre ses traits
envenimés. Il ne faut donc que rien de ce qui
se passe ici, soit peines ou plaisirs, ou bienfaits,
ne pénetre au dehors, et n'aille y remuer les
passions en excitant la jalousie ou la malignité.
Le tems viendra, MM∴ FF∴, où la reconnaissance publique sera notre partage ; jusques-là
méritons l'application de ce mot sublime d'un
ancien Sage : « A quoi sert la M^ie∴, lui de-
» mandait-on ? A ce que ceux qui la professe,
» répondit-il, ne changeraient pas de manière de
» vivre, lors - même qu'il n'y aurait plus de
» lois. »

Heureux aujourd'hui de recevoir le sceau de
la régularité, de nous voir constitués en droits
et en pouvoirs, au sein de l'Association générale, que rien n'arrête les élans de notre reconnaissance ; que le G∴ O∴ trouve dans nos
principes et dans nos vœux, la garantie de
notre utile existence, et de la conduite pru-
dente et mesurée qui va consolider, ici, son
ouvrage.

Et

Et vous, Ill.·. et dignes Représentans du Sénat M^{que} .·. en France ; vous, nos RR.·. Installa-lateurs ; vous, que l'amitié, plus encore que le devoir, amène aujourd'hui dans ce Temple naissant, recevez notre pur hommage, notre gratitude et notre amour. Que ce beau jour, que le 1.er jour d'un an nouveau commence pour vous une ère nouvelle de bonheur et de prospérité !!! Reportez au sein de vos familles, de votre R.·. L.·. et de tous vos FF.·., ces vœux émanés de nos cœurs, et qui consacrent à jamais l'alliance la plus sainte entre la Constance-Couronnée et l'Heureuse - Réunion.

DISCOURS

Du F∴ DE LA THIBAUDIÈRE, Orateur de la
R∴ L∴ de l'HEUREUSE - RÉUNION, à
l'occasion du I.er J∴ de l'an M.que∴

· · · · · · · · ·

TT∴ CC∴ et RR∴ FF∴,

L'an de la V∴ L∴ se renouvelle aujourd'hui.
Déjà la dernière heure de l'année qui s'éclipse,
s'est perdue dans l'immensité des tems. Les
Enfans de la Nature saluent plus particulièrement dans ce grand jour, le Grand-Moteur de
toutes choses : ce pieux devoir nous a réunis dans
ce Temple et nous venons d'y renouveller l'im-
posante Cérémonie que les premiers Maçons
consacrèrent au culte de l'Amitié.

De nombreuses générations ont disparu dans
le passé, de plus nombreuses encore se perdront
dans l'avenir, et de tout ce qui aura été, les races
les plus futures ne conserveront qu'un faible sou-

venir. Ce souvenir éternisera la vertu : iné-
branlable au milieu des ruines de l'Univers,
elle sera brillante de gloire comme aux tems
heureux qui donnèrent Sésostris, Titus, Marc-
Aurèle, Henri IV; comme au tems de tous les
Princes qui apportèrent à leurs Sujets la paix et
le bonheur. Fille du Ciel, elle immortalisera le
nom de l'Homme de bien, et ce nom sera ré-
véré à jamais par tout ce qui paraîtra d'humain
et de juste.

Que ces pensées nous conduisent à réfléchir
sur la faiblesse de la condition humaine. Être
débile, qui veux commander à tout, ô Homme,
commence par te commander à toi-même! Te
penses-tu appelé ici bas pour que les autres te res-
pectent, t'aiment et te servent, sans que de justes
droits de réciprocité te lient envers les autres
Êtres? Tu t'abuserais en vain dans les élans de
ta vanité! Tu n'es qu'un point imperceptible au
milieu de la multitude des Mondes, et la Planette
où tu reçois et perds un jour de si courte durée,
n'est elle-même qu'une des moindres de celles
que l'Être des Êtres jetta dans l'immensité de la
Création. Les vagissemens de ton enfance, les
peines, les larmes par lesquelles tu achetas les
premières connaissances que tu as acquises;
les chagrins et les soucis qui te suivirent dans
le développement de ta puberté, les sollicitudes

de l'âge mûr, les douleurs de la vieillesse, tout dans toi et autour de toi, te retrace le néant d'où tu es sorti, comme le néant où tu rentreras. Ouvre les yeux à la V∴ L∴, vois-toi comme les autres te voyent : Songe qu'il est des rapports qui lient tous les Êtres entr'eux ; que ces rapports sont les lois de la Nature; que ces lois sont émanées d'une Puissance que rien ne pourra égaler, et que cette Puissance t'imposa des devoirs sacrés. Si le désir de ta conservation te fut inspiré tout d'abord, le besoin de la conservation des autres a dû se faire sentir à ton âme, et l'aspect de ton semblable a du te donner l'idée de ces règles sublimes : « *Fais pour autrui tout ce que tu voudrais qu'il fît pour toi ; Ne fais pas à son préjudice ce que tu ne voudrais pas qu'il fît au tien.* »

Sans doute que ces premiers préceptes furent long-tems la loi civile de la Société; ils dûrent recevoir plus tard le cachet de la volonté nationale, et leur développement fut le Code des Peuples les plus policés. Mais le monstre des passions, l'Egoïsme devait violer ce que le burin des Législateurs avait gravé de plus durable, et les Hommes vertueux dûrent combiner des moyens qui arrêtassent les progrès de l'immoralité. Auguste Maçonnerie, c'est alors que tu reçus le jour. La Vertu éleva le Temple où tes

Enfans dévoués devaient reconnaître la loi du vrai Dieu, et ce Temple devait survivre aux révolutions. Le Culte sacré de nos Ayeux devait recevoir des Autels dans toutes les contrées, et le Lieu sacré qui nous réunit devait retentir des Cantiques de la sagesse. C'est ici que l'Homme se voit avec lui-même; c'est ici qu'il s'étudie et se connaît. Sa conscience, voilà le Grand Régulateur de sa conduite; la satisfaction de lui-même, voilà sa première récompense après une bonne action; la douce joie d'avoir bien mérité de ses FF∴, la certitude que sa mémoire sera bénie et survivra à ce que son Être a de mortel, voilà ce qui fait le charme et le bonheur de sa vie; voilà ce qui le console de tout ce qu'il laisse quand la Mort vient fermer sur lui les fatales Portes du Tombeau.

CANTIQUE

Pour le Jour de l'Installation de la R∴ L∴ de l'Heureuse-Réunion, O∴ de Bourbon - Vendée.

Air : *Du Réveil du Peuple.*

Quelle est cette vive Lumière
Qui s'échappe de l'Orient,
Et qui, traversant l'Émisphère,
S'arrête sur ce Monument ?
Du Feu sacré, c'est l'étincelle
Qui conduit ici nos Amis.
Descends sur nous, Flamme immortelle,
Viens embrâser tous nos Esprits ! . . .

O vous, nos Amis, vous nos Frères,
Dépositaires de nos lois,
Vous qui représentez nos Pères
Et venez consacrer nos droits ;
Pour le Grand-Orient de France,
Recevez honneurs et respects !
Pour vous, amour, reconnaissance,
Dans nos cœurs vivront à jamais !

Loin d'ici de vaines alarmes,
Enfin on connaît ces Maçons,
Qui ne mettent la main aux armes,
Que pour la paix des Nations;
Dont les œuvres sont l'harmonie,
La justice, la charité;
Dont les vœux sont pour la Patrie,
Pour sa gloire et la vérité.

~~~

Debout et chargeons donc, mes Frères,
Faisons feu de tous nos canons,
Tirons à nos lois, à nos Pères,
A la France, à tous les Maçons;
Et, pour completter la journée,
Buvons aux Dames de Bourbon,
A la CONSTANCE - COURONNÉE,
A l'HEUREUSE - RÉUNION.

Par le F.˙. DELALANDE, V.ble.˙.
~~~

CANTIQUE

A L'OCCASION de l'installation de la R∴ L∴ L'HEUREUSE-RÉUNION, à l'O∴ de Bourbon-Vendée.

Air : *Femmes voulez-vous éprouver.*

DE l'HEUREUSE-RÉUNION,
De la CONSTANCE-COURONNÉE,
Les deux Ateliers à Bourbon,
Ne font qu'une seule assemblée;
N'oublions jamais ce beau jour
Et consacrons-en la mémoire;
Car il doit faire tour-à-tour
Notre plaisir et notre gloire.

Parmi vous, Frères, nous venons,
Tous nos cœurs remplis d'allégresse,
Écouter d'utiles leçons,
Et de *Prudence* et de *Sagesse*;
Tous nos désirs sont accomplis
En vous voyant dans cette Loge,
Par le Chef d'Ordre réunis;
De la Vertu prêcher l'éloge.

Que la plus tendre intimité,
Entre les Deux Sœurs s'établisse,
Qu'une aimable fraternité,
Du nœud le plus doux les unisse !
Et que la Loge de Luçon
Vienne dans les bras de sa Fille,
Former, au milieu de Bourbon,
Le plus beau tableau de famille.

Par le F∴ GENTILZ, *Vble∴*

de la R∴ L∴ de la CONSTANCE-COURONNÉE,

O∴ de Luçon.

CANTIQUE

A L'Occasion de la même Fête, où
assistaient les Députés de la R∴ L∴ de la
Constance-Couronnée, O∴ de
Luçon, et beaucoup d'Officiers des Légions
de la Charente et de la Vendée.

Air : *Mes chers amis dans cette vie, etc.*
(Du Calif de Bagdad.)

Depuis des siècles le Prophane
Babille sur les Francs-Maçons;
Il les critique, il les condamne;
Ce sont des fous ou des démons!
Mes chers amis, dans cette vie,
Il n'est que la Maçonnerie,
Pour bien vivre et savoir jouir;
Vivent la Poudre et le Plaisir!

A notre tour, nous pouvons rire
De ces pauvres ignorantins,
Qui, parlant toujours sans rien dire,
Ne diront jamais ces refreins :
Mes chers amis, etc.

Pour mettre à l'abri nos Mystères,
Et de l'Envie et de ses coups,
Aimons-nous, partout soyons Frères,
Et répétons, loin des jaloux :
Mes chers amis, etc.

~~~

Si quelque fois, dans sa colère,
Notre femme en veut à nos Lois,
Disons-lui : tiens; le grand Mystère,
C'est qu'un Maçon fait tout par trois.
Mes chers amis, etc.

~~~

De cette Poudre la plus forte
Que chacun charge son Canon !
Tirons !.. La santé que je porte
Est à nos Frères de Luçon !
Mes chers amis, etc.

~~~

Puisque la Poudre nous enchante,
Tirons encore quelques Canons
A nos Frères de *la Charente*,
De *la Vendée*, aux Vrais Maçons !
Mes chers amis, etc.
~~~

Enfin buvons à nos Familles,
Buvons à tous nos bons Parens,
A nos vieux Amis, à leurs Filles
Et même à nous, pendant cent ans!
Mes chers amis, dans cette vie,
Il n'est que la Maçonnerie,
Pour bien vivre et savoir jouir;
Vivent la Poudre et le Plaisir!

Par le F∴ DELALANDE, *Vble.*∴

CANTIQUE

Composé pour la Fondation de la R∴ L∴ de l'Heureuse-Réunion, O∴ de Bourbon - Vendée.

Air : *Si Dorilas, etc.*

ou

Pégase est un cheval qui porte, etc.

Non loin d'une ville gothique,
Sous un groupe de peupliers,
Et près d'un moderne portique,
Se promenaient des Ouvriers.
A des Mots, des Signes d'usage,
Tout-à-coup s'étant reconnus,
Ils s'embrassent, vont à l'ouvrage,
Et, depuis, ne se quittent plus.

Tous ces Ouvriers-là, mes Frères,
Étaient ces Francs, ces vieux Maçons,
Que vous voyez, dans nos Mystères,
Propageant d'utiles Leçons.
Votre bonheur et votre gloire,
Voilà leur seule ambition.
Ce peu de mots tracent l'Histoire
De l'Heureuse-Réunion.

Puisque les Dieux nous sont prospères,
Qu'enfin nous voilà réunis,
Sous nos Lois vivons en bons Frères,
Hors d'ici vivons en amis!
Formons un faisceau respectable,
Et, sur les rives de l'Yon,
Élevons un Temple durable,
A l'Heureuse-Réunion.

Déjà, peut-être, sur ce Temple
Reposent d'illustres Destins;
Peut-être un jour, à notre exemple,
S'embrasseront tous nos voisins.
Que nos Maillets, brisant la Haine,
La Vengeance, la Passion,
Puissent bientôt river la chaîne
D'une Heureuse-Réunion!

Livrons nos cœurs à l'Espérance,
Oui nous verrons combler nos vœux;
En attendant, prenons l'avance,
Restons unis, soyons heureux!
Égayons, par fois, nos Mystères
Et buvons, au bruit du Canon,
A nos Familles, à nos Frères,
A l'Heureuse-Réunion

Par le F∴ DELALANDE, V^ble∴

PROFESSION DE FOI

MAÇONNIQUE.

Air : *Le Fleuve de la vie, etc.*

On parle de Maçonnerie,
Comme un aveugle des couleurs :
Des sots elle excite l'envie,
De bonnes femmes, les clameurs.
Bon Dieu ! calmez votre furie ;
Le Maçon est, oui, croyez-m'en :
Un sage qui descend gaîment
    Le Fleuve de la vie.   { *bis.*

Calme au milieu de la tempête,
Il espère un jour plus serein,
Sachant bien conserver sa tête
Dans le péril et dans le vin ;
Toujours fidèle à sa Patrie,
A ses amours toujours constant,
Le Franc-Maçon descend gaîment
    Le Fleuve de la Vie.   { *bis.*

Riant du sot, plaignant la dupe,
Tendant la main à l'opprimé ;
Du bienfait, le Maçon s'occupe,
C'est son plaisir accoutumé.
Et qu'un ingrat le calomnie,
Pour prix d'un pareil sentiment ;
Il n'en descend pas moins gaîment   } bis.
    Le Fleuve de la vie.

Des monceaux d'or, de grandes places,
N'irritent pas ses vains désirs ;
Avec Minerve, avec les Grâces,
Il partage ses doux loisirs.
Tandis que l'intrigant supplie,
Aux pieds du pouvoir insolent,
Le Maçon descend *dignement*   { bis.
    Le Fleuve de la vie.

L'esprit joyeux, l'âme ravie,
Dans nos Temples, dans nos Banquets,
Célébrons la Maçonnerie,
Par nos *vivat!* par nos couplets.
Serrons la chaîne qui nous lie,
Et pour refrein, chantons gaîment :
« C'est ainsi qu'un Maçon descend   { bis.
    » Le Fleuve de la vie. »

Par le F∴ GAUTIER-D'AGOTY, ex-Vble∴ de la
R∴ L∴ de la Parfaite-Union, O∴ de Douai.

TABLEAU GÉNÉRAL

Dès Membres résidans, non résidans et affiliés libres de la L∴ de l'Heureuse-Réunion O∴ de Bourbon-Vendée, pendant le cours de l'année Mque. 5819·7.

OFFICIERS DIGNITAIRES.

FF.

Vénérable	Mangon-Delalande, père.
1er. *Surveillant*	Bouchet.
2.e *Surveillant*	Priston.
Orateur	Porchier-de-la-Thibaudière.
Secrétaire	Decloux.
Trésorier	Lacordaire.
Expert et Garde-des-Sceaux	Mangon-Delalande (Alph.)
Expert	Bain.
Garde des Archives	Micheau.
Architecte	Rigaux.
Maîtres des Cérémonies {	Coste. Girod.
Hospitalier-Aumônier	Tortat.
Économe	Roquette.
Couvreur	Guéry.

Représentant de la L∴ près le G∴ O∴
de France.

39. Le T∴ Ex∴ et Parf∴ F∴ Mathieu-Dudon,
Docteur en médecine, né à Saint-Sever, département des Landes, le 22 septembre 1773.
S∴ P∴ R∴ X. Officier du G∴ O∴ domi-
cilié à Paris, rue Saint-Martin, n°. 173.

~~~~~~

OFFICIERS DIGNITAIRES ADJOINS.

FF.

Orateur	Tireau.
Secrétaire.	Cahagnet.
Premier Expert adjoint	Guyot.
Second Expert adjoint	Gozola.
Premier Maître des Cérémonie adjoint	Gouffé.
Deuxième Maître des Cérémonies adjoint	Ménardeau.
~~~~~~

MEMBRES RÉSIDANS (1).

CHEV∴ R-c-x. GG∴ JJ∴ GG∴ Ecoss∴

M. de l'Acad∴ des S∴ MM∴ de l'A∴ L^x∴

3.e Ordre.

1er. MANGON-DELALANDE, Charles-Florent-Jacques, Inspecteur de l'Enregistrement et des Domaines et Forêts, né à Roye (Somme), le 1.er février 1770, V^ble∴, l'un des Fondateurs.

CHEV∴ R∴ X GG∴ EE∴

2. BOUCHET, Louis, Docteur en Médecine de la faculté de Paris, né à Poitiers (Vienne), le 13 mai 1785, Ier Surv^t∴, l'un des Fondateurs.

6. MANGON-DELALANDE, Alph.-Louis-Charles, Offi.^c aux chasseurs du Gard, né à Roye (Somme), le 24 décembre 1785, Expert-Garde-des-Sceaux, l'un des Fondateurs.

---

(1) Les FF∴ sont classés, dans ce Tableau, suivant leur grade, et les numéros qui précèdent leurs noms indiquent l'ordre de leur inscription sur le Contrôle général.

CHEV∴ R—C—X∴

57. POMEYROL , Jean - Bertrand - Malterre , 1.ᵉʳ commis à la Direction des Domaines , né à St.-Gaudens (Haute - Garonne) , le 19 avril 1777, (Membre affilié).

4. PRISTON , Augustin - Marie - Joseph , Capitaine à la légion de la Vendée, M.ᵇʳᵉ de la Légion d'honneur, né à Cambrai (Nord), le 28 février 1783, 2.ᵉ Surv̄ᵗ∴ , l'un des Fondateurs.

3. LACORDAIRE, Louis, Chirurgien - Major de la légion de la Vendée , né à Damblain (Vosges), le 14 mars 1778, Trésorier, l'un des Fondateurs.

5. DECLOUX, Jean - François , Officier - Payeur de la légion de la Charente, né à Sᵗᵉ. - Marie (Ardennes), le 13 avril 1780, Secrétaire , l'un des Fondateurs.

7. GIROD , Charles, Officier retraité , Chevalier de la Légion d'Honneur, né à Pregny (Suise), le 1.ᵉʳ août 1776, Maître des Cérémonies, l'un des Fondateurs.

8. COSTE , Joseph - Vincent , Lieutenant à la légion de la Vendée, Chevalier de la Légion d'honneur, né à Annonay (Ardèche), le 7 octobre 1780 , Maître des Cérémonies , l'un des Fondateurs.

10. BAIN, M.^{rin} - Urbain , Chirurgien Aide - Major de la légion de la Charente , né à Rennes (Ille - et - Vilaine), le 17 août 1780 , Expert, l'un des Fondateurs.

MM^{es}∴

27. PORCHIER DE LA THIBAUDIÈRE, Jérôme, Avocat, né à Nieuil (Vendée), le 15 janvier 1787 , Orateur.

40. MICHEAU, Nicolas-Marie, ancien Chef de division dans les bureaux de la Préfecture, né à Besceleux (Deux-Sèvres), le 26 juillet 1754, Garde des Archives.

61. JOSLAIN, Albert-Casimir, Officier de Santé, né à   (   ),
le
Membre affilié.

11. TORTAT, Antoine, Avocat et Maire à Bourbon-Vendée, né à la Châtre (Indre), le 30 octobre 1775 , Hôspit∴-Aum∴, l'un des Fondateurs.

12. RIGAUX, J^{an} N^{as} Alexandre, Ingénieur-Vérificateur du cadastre, né à Rouen (Seine-Inférieure), le 26 février 1782, Architecte, l'un des Fondateurs.

20. MENARDEAU, Henri-Thomas, Notaire, né à Poiroux (Vendée), le 20 décembre 1775.

21. GUYOT, Pierre-Ferdinand, Pharmacien, né à Fontenay (Vendée), le 12 septembre 1781.

24 ROQUETTE, Joseph-L.^{is}-Charles, S.^{t}-L^t. en
1/2 solde, Légionnaire, né à St-Vaast-la
Hougue (Manche), le 8 juin 1790, Eco-
nome.

25. TRASTOUR, Marie-Aimé, St-L.^{t} en 1/2
solde, Légionnaire, né à Montaigu (Vendée),
le 26 août 1790.

28. NOILLY, Etienne, Négociant, membre du
Conseil-Municipal, né à Roanne (Loire),
le 18 août 1776.

29. GOZOLA, Philippe, négociant, manufacturier,
né à Alexandrie (Piémont), le   mai 1779.

30. CAHAGNET, François-Barbe, Secrétaire de
la mairie, négociant, né à Caen (Calvados),
le 16 février 1776.

32. LOYAU, Jean-Jacques, Lieutenant en 1.er au
régiment de Rennes, artillerie à pied, né
au Luc (Vendée), le 13 juillet 1792.

33. GUÉRY, Pierre-Joseph-Léandre, Avocat,
né à Fontenay (Vendée), le 7 octobre
1792, Couvreur.

34. MATHIEU, Jean-Auguste, Lieutenant-Tré-
sorier de la Légion de la Vendée, né à
Bordeaux (Gironde), le 8 juillet 1790.

55. TIREAU, Basile-Modeste-Hypolite, Avocat, né au Poiré (Vendée), le 20 mars 1790.

56. LEPLAT-DUPLESSIS, Joseph-Jacques-Alexandre, Receveur des Contributions indirectes, né à Rennes (Ille-et-Villaine), le 19 octobre 1780.

43 GOUFFÉ, Edme, Capitaine de grenadiers, à la Légion de la Vendée, né à Paris (Seine), le 30 octobre 1783.

47. LOYAU, Jean-Baptiste, Conseiller de Préfecture, né à Bournezeau (Vendée), le 13 juin 1768.

22. THOUMAZEAU, Constant, Propriétaire, né à Belleville (Vendée), le 28 octobre 1788.

45. MARANDOUT, Pierre, 1er. Commis dans les bureaux du Payeur de la Vendée, né à Montbron (Charente), le 3 mai 1780.

46. MANGON, Jean, Sous-Lieutenant à la Légion de la Charente, né à Barro, (Charente), le 12 mai 1791.

49. JOUSSEMET, Armand, Employé dans les bureaux de la Préfecture, né à Bourbon (Vendée), le 23 août 1779.

CC.

23. Perry de Nieuil, Eugène, Sous-Lieutenant à la Légion de la Charente, né à Angoulême (Charente), le 20 janvier 1794.

31. Labaudie Lagrange, Pascal, Lieutenant à la Légion de la Charente, né à Confolens (Charente), le 17 février 1790.

37. Mathieu, François, Lieutenant à la Légion de la Charente, né à Angoulême (Charente), le 15 juin 1794. Lewiton.

41. Cardin, Auguste-Pierre, Dessinateur de l'Ingénieur en chef du département, né à Luçon (Vendée), le 27 juin 1795, Membre affilié.

44. Goupilleau, Augustin, Propriétaire, né à Bourbon (Vendée), le 19 juin 1790.

48. Faveroul, Pierre-Louis, Propriétaire, né à Bourbon (Vendée), le 25 mai 1775.

50. Loyau, Victor, Employé des Contributions indirectes, né à Bournezeau (Vendée), le 5 septembre 1797. Lewiton.

51. Roulin, Hypolite, Caissier du Receveur-général, né à Fontenay (Vendée), le 21 août 1781.

52. GOUPILLEAU, Félix, Employé à la Caisse générale, né à Bourbon (Vendée), le 31 janvier 1790.

54. GUITTON, François - Pascal, Notaire, né à la Châtaigneraye (Vendée), le 30 octobre 1777.

55. ROMET, Louis - Etienne, Sous - Lieutenant à la Légion de la Vendée, né à Vincennes (Seine), le 22 février 1795.

59. LOYAU, Jérôme, Propriétaire, né à Bournezeau (Vendée), le 10 janvier 1776.

A P P∴

42. MILET , Auguste, Propriétaire , né aux Clou-
zeaux (Vendée), le 24 septembre 1783.

56. DUMESGNIL , Edme, Sous - Lieutenant à la
Légion de la Vendée, né à Colombé (Aube),
le 15 février 1794.

58. FAVEROUL - LAUBONNIÈRE , Pierre - Marie
André , Propriétaire , né à Belleville
(Vendée), le 3 novembre 1768.

60. LOYAU , Marc , Propriétaire, né à Bournezeau (Vendée), le 25 avril 1780.

64. GOLLETY , Paul , Sous - Lieutenant, à la légion de la Vendée, né à Bourg (Ain), le 13
février 1797.

MEMBRES HONORAIRES RESIDANS,
PORTÉS AU TABLEAU GÉNÉRAL.

(a) 1. F∴ MANGON-DELALANDE, père, V^{ble} d'honneur et à vie.

COMMISSION ADMINISTRATIVE.

FF∴ {
MANGON-DELALANDE, Alph∴, Président.
MICHEAU, ...Secrétaire.
BAIN, ...Membre.
MENARDEAU, ...Idem.
GUYOT, ...Idem.
}

Nota. Le V^{ble}∴ et l'ex-V^{ble}∴ sont, de droit, Membres de toutes les Commissions.

(a) Le F∴ Delalande, père, devant quitter cet O∴, a été nommé V^{ble}∴ d'honneur et à vie, de la L∴, et le F∴ Bouchet a été nommé V^{ble}∴ titulaire pour le remplacer. Le F∴ Rigaux a été nommé 1er Survt∴, en remplacement du F∴ Bouchet, et le F∴ Leplat a été nommé Architecte en remplacement du F∴ Rigaux.

HARMONIE.

MM∴

14. Pichardiere, Jean, Chef de Musique de la légion de la Charente, né à Beauvin (Orne), le 18 mars 1772, Intendant de l'Harmonie, l'un des Fondateurs.

16. Petermann, Joseph, chef de Musique de la légion de la Vendée, né à Bouquenom (Bas-Rhin), le 11 septembre 1778.

15. Didon, Charles, caporal, Musicien à la légion de la Vendée, né à Bruxelles (Belgique), le 4 novembre 1797

17. Attrel, Alexis, Musicien à la légion de la Vendée, né à Paris (Seine), le 27 juin 1782.

18. Ronsil, Jean, Musicien à la légion de la Vendée, né à Chaumont (Piémont), le 26 juin 1786.

COMP∴

38. Delboi, Alexis, caporal, Musicien à la légion de la Vendée, né à Toulouse (Haute-Garonne), le 29 décembre 1782.

MEMBRES NON RESIDANS.

CHEV∴ R—C—X—GG∴—EE∴.

65. GENTILZ, Pierre-François-Marie, Juge de paix du canton de Luçon, né à   , département de
le   , V^ble∴ de la Constance-Couronnée, O∴ de Luçon, Membre honoraire à vie de celle de l'Heureuse-Réunion.

CHEV∴ R∴ X∴.

9. CUREL, Louis-Richard, Chirurgien-Aide-Major à l'Hôpital militaire de Bourbon-Vendée, passé à celui de Colmar, né à Bar-le-Duc (Meuse), le 27 novembre 1791, l'un des Fondateurs.

MM∴

19. DUSSUC, Jean-Baptiste, Lieutenant de Gendarmerie, passé à la résidence de Tournon, né à Lengeac (Haute-Loire), le 2 janvier, 1789. Lewiton.

SERVICE DE LA LOGE.
APP∴

13. BRAULT, Jean - René, ancien Sous-Officier,
Concierge de l'Hôtel - de - Ville, né à Ducé,
(Man ⸳e), le 22 janvier 1 85.

26. ⸳AR ⸳ , Hypolite , J urnalier, né à Sainte-
H rm ⸳e (Vendée), le 22 novembre 1787.

53. DROIN , Jean, ancien Militaire pensionné, né
à Couternon (Côte - d'Or), le 16 février 1761.

62. BIRET , Pierre , Domestique, né au Petit-
Bourg (Vendée), ⸳e   juin , 1897.

63. LEROUX , Jean - Baptiste, Charpentier, né à
Nantes (Loire - Inférieure), le 7 mai 1800.

ADRESSE DU GRAND O∴ DE FRANCE.
A M. LE GRAND NETORI , rue du Faubourg - St.-
Germain , N.º 47 , à Paris.

ADRESSE DIRECTE DE LA L∴

A M. H : NENUROI , poste restante à Bourbon-
Vendée.

TABLEAU DES RR∴ LL∴ AFFILIÉS.
Luçon (Vendée), la Constance - Couronnée.
Douai (Nord), la Parfaite - Union.
Niort (Deux - Sèvres), l'Intimité.